天子論及び官吏論

安岡正篤

再版の序

現代を挙っての放心——官能的頽廃の結果、何人も人格者たる敬虔と抱負を失い、無惨にも自ら侮り人を軽んじておる一世の悪風潮に深く感ずる所あって、今年六月の始め小著「東洋思想研究」第八冊に「天子論」を出したが、これに対して実に意想外の共鳴や、また批難誤解を受けて、私は今更のように古人が立言の重く且つ慎むべきを教えた心を感悟した。その始め私はわが天皇論に関しては寧ろ論歩の序に聊か触れたに止めたが、周囲の状況はこれを許さなかった。そして多くの人々からこの書を通じて私に寧ろ日本天皇論を聞かんことを迫られた。天皇論が今や彼等の重大なる関心事に為って来ておるのである。私は一度は沈愁し、翻って大いに驚喜した。かくしてたまたま小著の再版を機会に、私は沈思四十日、旧篇に増補訂正を加え、新たに「日本の天皇とシナの天子」を増し、真に肝胆を吐露した思いで筆を擱いた。どうか誠を掬んで読みかつ考えて戴きたい。

大正十二年八月廿日

著　者　識

目次

一　序　論

静慮の用意

この書を読む前に、何よりもまず読者におちついて戴きたい。現代は余りにどたばたしておる。狂人走れば不狂人もまた走る。何故ともなく皆あわてふためいて、大切のものを忘れたり、在り合うものをかっ攫《さら》って、盲滅法界《もうめつほうかい》にうろつき廻っているのが現代人の有様である。それでは何を言っても耳に入ろうはずはない。まずおちついて、そして真面目になって、無我な心持ちから思慮深い頭を傾けてこの論を読んで戴きたい。

現代の精神的凄涼

私はしみじみ考える——現代の人々は内心皆寂しくてならないであろうと。今は知識欲の非常に盛んな時である。知識万能の時代である。したがって現代は著しく理想が発達しておる。自分の明らかな理性に照らして万事を解釈する。それが現代人の喜びであり誇りである。いかにも中世基督教会の教権のように、また封建時代の官学のように、独断的高圧的に人間の思想——生活を支配しては、いつの世に在っても到底長くその侭に済むべきではない。それはちょうど人間に目隠しをして物を探らせながら、ああだこうだと教えるようなものである。目隠しをされた人間にとっては、千百万言を聞かされるより一目自分の目で見ることが切なる願いである。所謂啓蒙期 Aufklaerungszeit とは教権に反してかくのごとき自分の目で万事万物を見た時代に他ならない。

これは明らかに人間自覚の第一歩であって、我々のあらゆる思想——生活は無論人々個々の自覚の上に築かれねば意義あるものではないが、しかしながら自覚にも無限に深浅あることを悟らねばならない。兵法より鍛え上げた驚くべ

理性と悟性

き哲人宮本二天の語でいえば、同じ見るにも観見二様がある。観は深き心眼よりみ、見は浅く機械的にみることをいう。人間の理性は観でなければならぬ。見に留まってはならぬ。見は物を見、物の間に行われる法則を知る論理的機械的作用であるが、観はよく物心の奥を窺う。

この見を哲学者は、悟性《フェルスタンド》 Verstand といい、観を理性《フェルヌンフト》 Vernunft と称する。——私はこの訳語は逆が宜しいと思う——目隠しから逃れた人間は何よりもまず自ら見得た驚きと悦びに熱中した。そして見ることと説明することから更に進んで実在の中に沈潜するだけの余裕を持たなかった。かくして自然科学的法則に従う論理的機械のような人間ばかり多くなった。現代がまさしくそうではないか。

自然科学的研究は要するに純一なる実在活動をある立場から眺めて、いわばベルグソンの説のように「同時存在の形式」に直して、頭の中でもう一度組み立ててみることである。水を酸素一に対する水素二の割合 H_2O と考えるのもその一例、木を観察して、全体を根や幹や枝や葉に分析し、木を根幹枝葉の結合と思惟するのもその簡単な一例である。しかし実際我々の体認する木は単なる根幹枝葉の結合ではなくて、もっと意味のあるもの、我々の情意の加わったものである。否、木ということがすでに影の薄い概念で、実際は梅とか桜とかそれぞれ個性のある存在である。単に木というようなものは、譬えば幾何学でいう厚さも幅も長さもない点と同じ抽象的思惟の産物に過ぎない。

かくのごとく存在を常に分析的抽象的にみる時は、それが複雑精細となればなるほど、実際の意味生命から離れた影のようなものと為《な》ってしまう。これが更に進んで人生における生活態度となる時、この人生が忽《たちま》ちにして生命の情味を失い、我々の心も索然として感激をなくすることは、まことに見易い道理で

概念の機械的組織と活ける実在

はあるまいか。

我々が形よりして木を分析観察する時、何処に木の生命を発見することが出来よう？　何処に「地の直接の言葉」を聴くことが出来よう？　しかも衆人の欲する所は枝葉根幹の結合というがごときものではなくて、緑滴らんとするところ、さながら若き生命の燃ゆるがごとき木である。風なきに枝より翻《ひるがえ》り落ちる一葉に天下の秋を思わしめるような木である。冷やかな化学者達こそ水をH_2Oと考えようが、我々は川のほとりに立って、逝く水の姿にしばしば孔子の心を思う。「無辺落木蕭々《しょうしょう》として下り、不尽長江滾々《こんこん》として流るる」景色は如何に詩人杜甫の心を傷めたことであろう。

我々は概念の機械的組織と活ける実在とを混同してはならない。活ける実在は空虚なる論理的建築より遥かに深く意義あることを思わねばならぬ。これを誤って、単なる概念的思惟によって実在の真生命を把握せんとするは、譬えれば辣韮《らっきょう》の皮を剥く猿の愚に等しい者である。

現代人の胸の奥深く蝕《むしば》む寂寞悲哀は、実にかくのごとき機械的生活態度の所産ではあるまいか。人間生活の本道はかくのごときものではない。浅薄な論理を振り廻し、冷やかな抽象的概念を以て人生を論じ去ろうというような態度を改めて、我々は物の生命を掴む生きた体験を新たにせねばならぬ。復《ふたた》び魂の輝く感激を深めねばならぬと思う。しからずば世は余りに寂びしくはなかろうか。

しかるに世を挙《こぞ》ってのあさましき機械化、悟性的個人の跋扈《ばっこ》の日々に甚だしくなるは何という堪え難いことであろう。

およそ機械は多くの部分が外より与えられた原理によって統一されている体系である。すなわち一の他律的存在である。自己が自己を動かしてゆく本然の

機械観

生命を有するものではない。したがって機械的存在はこれをその構成要素に分解することも自由である。そしてある物をその構成要素に分解して観察することを我々は機械観という。故に機械観は機械的存在に対して始めて有効であるが、機械的分析を許さぬ生命現象、人格的存在に対しては極めて不適当な観方であることはいうまでもない。

しかるに現代の民衆は、前述のように自然科学的研究の正しき意義及び範囲を忘れ、あらゆる生命現象、一切の人格的存在に対して渾《すべ》て皆この機械観を借りておる。現代の多数者にとって、各自は肉体と精神との単なる結合である。感覚や知情意の漫然たる結合である。家庭は夫婦親子兄弟等の功利的集合に過ぎない。国家は土地と人民と主権（或は統治権）との三要素より成立するもの、土地と人民との集合にして、これに強制権力の加わらぬものがすなわち社会、政府とは国家の事務員の全体、学とは血の気のない抽象的概念の体系、道徳とは人間の放縱《ほうじゅう》なる意欲の苟合《こうごう》妥協、宗教とは寺院と緇衣《しい》と布施《ふせ》との結合に対して与えられる名称、およそ引き寄せて結べば柴の庵にて、解ければ元の野原ともいうべきが現代人の考え方である。すなわちあらゆる現前の事実を皮相に説明することが現代人の理解であり、これによって空虚な概念を作ることが現代への思想である。それでどうして実在の生命に触れることが出来ようか。どうして宇宙の深厚なる意義を体認し、人生の厳粛なる理法に感激することが出来ようか。

恐らく現代の人々は最早かの星斗森々《しんしん》たる夜の大空を眺めても、深き敬畏の情を覚えることはないであろう。かの崇高悲壮なる古人の心蹤《しんしょう》を伝え行事を録せる経史《けいし》に対しても、これを礼讃せずにはおられぬような道念を跡形なく失っておるであろう。人無き室に在って独《ひと》り襟を正す心、社頭寺前に立って額《ぬか》づく心、天下のために小我を忘るる心、かくのごとき心をすでに味わうことが出来

本論の目的

ないのではあるまいか。これを思うたびに私の心は惻《いた》む。人もまた寂しかろうと思う。

今の人は形を知って、心を忘れておる。外に走って内を等閑にしておる。科学を迎えることに因って哲学を遺却したことは、まことに哭すべき国民的不祥事ではないか。されば私はいま茲《ここ》に冷やかな抽象的概念を以て天子や大臣に就いての憲法学的説明を与えんとするのではない。私は我々民族に昔から抱懐されていた「国家生活における規範意識若《も》しくは理想」の哲学を説こうとするものである。改めて言えば我々民族の「政治意識における天子及び官吏」の意義を明らかにしようとするものである。

政治という文字がすなわち正義と相照応するものであることをまず慧敏に悟って戴きたい。

放心の時代、
改造の真義

改造の真義

二　道徳的意識と政治的意識

「孟子《もうし》」が「放心《ほうしん》」を切に戒めて、学問の要は他ではない、各自がその放心を収むるに在るということを痛論しているが、何時の世でも人間が堕落して生活の屑に拘泥し、官能的衝動に痙攣《けいれん》するようになると、必然に自我の深い内観を失って事物を機械的にのみ観ようとする。人格の自覚、生命の味識、神仏への帰依《きえ》、法則の諦念、そういう生の中心への帰趨《きすう》、超個人的意識の体得を失ってしまう。現代がすなわち放心の時代である。現代の急務もまた放心を収むるより他はない。覚醒とは畢竟《ひっきょう》この放心を収めることである。改造とは要するに自分が自分に帰ることでなければならぬ。

ただ社会国家という一の全体が覚醒し改造を遂げるには、固《もと》よりその部分である各人の覚醒改造を待たねばならぬ。各人の自覚修為こそ常に万事を解決する根本である。

明治天皇の侍講《じこう》として、また国務大臣として、真に敬慕すべき君子人であった副島蒼海《そえじまそうかい》の歌と聞く――「あやにあやに畏《かしこ》くもあるかあめつちのみいづの中に立ちたるわれは」というこの心、カントの「これを思う愈々《いよいよ》滋く且《か》つ久しきに随い、常に新たに且ついや増す讃仰の情を覚ゆるもの二つ、上なる星輝く大空と衷《うち》なる道徳的原則」Zwei Dinge erfuellen das Gemucth mit immer neuer und zunehmender Bewunderung und Ehrfurcht,je oefter und anhaltender sich das Nachdenken damit beschaeftigt:der bestirnte Himmel ueber mir und dasmoralische Gestz in mir. という自覚、一点素心の存するかぎり、何人もまずこれを体認するようでなければならぬと思う。

かくのごとき意味において、昔から我々民族の抱懐する天の思想に深い注意を払わねばならない。我々の先人は太古において他の諸々の原人と同じく、天を畏《おそ》れ天を拝《はい》していた、しかしながら、この天の礼拝はその後一般に著《いちじる》しく宗教的色彩をば帯びずして次第に内面化され、寧《むし》ろ哲学的に冥想され認得されるようになっていった。そして我々の時空の観念を以て測ることも出来ず、無限の力を湛然《たんぜん》として象徴し、万有を尽く蓑《つつ》めるように思われる「彼の蒼々」は、まさしく我々の思惟を超越した、しかも我々の体験に無限に自性を示現する超個人的意識の表徴なることを自覚された。道徳的意識とはすなわちこの人を通じて発現するこの超個人的意識である。人間を通じて照臨する天である。

しかるに人間の生活単位が個人より団体に進むに至って、個人に現わるる超個人的意識（天）は自然にまた個人を分子とする全体社会に顕現するように

道徳的意識と政治的意識

為《な》った。これを先の道徳的意識に対して特に「政治的意識」というのである。道徳という二字が然《しか》るごとく、政治という二字が善くその本質を明らかに示しておる。道徳の「徳」は「得」に通じ、我々の生得本具の活動を意味する。所謂道徳なるものが決して人間の気随な契約でもなければ、権力者ないし聖人が強要した服従でもない。それは飽くまでも人間の本性に率《したが》う活動であることを明らかにしておる。道という字はその活動——徳に対して実際に方向を立つる意味である。

我々の心は無限に複雑な欲求の体系と観ることが出来る。一例を挙げるならば、議員の選挙当日に当って、いよいよ自己が神聖なる一票を行使せねばならぬ時、たまたま昵懇《じっこん》の俗悪な候補者が潜《ひそ》かに黄金を以て買収に来たとする。その賄賂に対して自己は様々な欲求を覚えるであろう。或はその候補者の当選を

我々の現実は欲求の体系

「良心」「我」の意味

予想してある種の結託をも考えるとする。その他無数の欲求が一時に自己の心を占めるであろう。それ等の欲求をもし一つ一つ切り離せば、それぞれ皆充足理由が存在するといわねばならぬ。黄金を見てこれを欲するは固《もと》より当然である。その金子によって人は様々の用事を弁ずることが出来る。金子を欲すること自体に何の不正もない。昵懇なる友人に有力な一票を投じたいのもまた人情の必然である。

けれどもそれ等の欲求は機械的に漫然と相い集まっているのではない。一の体系を構成する部分である。言い換えれば、同じく部分として他の諸々の欲求と相互に深い交渉を持ち、独立の半面に高い全体的統一によって制約されている存在である。我々の良心とはつまりかくのごとき部分的欲求に対する全体的統一作用に他ならない。「我」の最も深き意味もまたここに存する。心の体といい、性という意味もこれに求めねばならぬ。

天命の意義

そこで先の場合、自己の部分的欲求は様々に自己を誘惑するに相違ないが、これに対して全体的欲求は、断々乎《だんだんこ》として神聖なる一票を自己の尊敬すべき候補者に投ぜんことを迫るであろう。我々の衷《うち》におけるこの力をカントは至上命令 kategorischer Imperativ と称したのである。「天命」の一語すなわちこれに当る。

自由の真義

道徳的意識はかくのごとく一般人にとって命令の性質を有する生得本具の力である。「大学」に所謂「明徳」である。この明徳を明らかにすることによって、我々のあらゆる部分的欲求はすべて皆その正しき権限を得てゆく。あらゆる部分的欲求がそれぞれの権限に活きて行くことが至善である。自由とはかくのごとき意味においてそれぞれの権限を遂行する謂《いい》に他ならない。

かくて、我々の部分的意識が全体的意識に対する時——古人の語を以て明らかにすれば、感性が理性に対する時、人欲が天理に対する時、我々は茲《ここ》に

敬畏の情

「敬畏」の情を覚えるのである。程明道《ていめいどう》等が「居敬」を説いたのは、つまり我々が常に深き自覚を失ってはならぬことを教えたのであるが、居敬の二字を以て切実に我々の情意に迫る点において甚深な妙味を覚える。先に挙げた副島伯の歌のごとき、カントの「実践理性批判」の結語のごとき、この敬畏の情を言って我々の襟を正さすものがある。社会民衆の衷《うち》に働く政治意識もまた実にこれと趣を同じくする。

政＝正

「説文《せつもん》」に「政は正なり」と証しておる。「論語」にも季康子《きこうし》が孔子に政の意義を問えるに対して、孔子は「政は正なり」と答えておる。人間が社会を構成するに及んで、宛《あたか》も個人における欲求の無限に多様なるがごとく、社会における各人の欲求もまた複雑極まりがない。もしこれを無制限に放任するならば、互いの欲求が相い矛盾し衝突し破綻して、社会全体の発達は忽《たちま》ち止まってしまうであろう。そこで各人のないし各階級の欲求に正当な権限を与えて、社会全体の健全なる発達を図って行こうとする作用がすなわち政治意識であり、国家とはかくのごとき政治意識によって明らかに統一せられる一定の範囲をいう。〔註　これを西洋の契約論（後述）などに比較すると興趣が深い。〕
　したがって政治は国民の個人的意識に対して全体的意識である。国民各自の生活を規律する天命である。国民の何人にも無限の敬畏を感ぜしむる事実である。法律はかくのごとき国家の天命作用を統治権という。故に統治権が国家に本具せるものなるは言うまでもない。
　一派の法律学者は統治権の所在を以て国体を区別しようとするが、それは良心の所在によって人間を区別しようとすると一般、ほとんど意味を為さぬものと思う。

官の意味
政府及び天子

三　天子と官吏と民衆との関係

ただ国家に在っては、個人の道徳意識――天命作用と違って、その政治意識――天命作用に具体的表現を有する。「官」とは、すなわちこの国民の政治意識の具体的表現であり（元来、官は「人心主とする所」と解されておる――「周易《しゅうえき》」随《ずい》卦、孔疏――）、その官を体系化したものを「政府」と称する。そして政府の最高の官、国民政治意識の最高次の中心を「天子」というのである。いわば政府は国民の良心であり、天子は国民の最深の意味における我に中《あた》る。法律に所謂主権とはかくのごとき最高我の作用を意味するに他ならない。（天子の二字、すなわち天の元子なる意味が天の最も直接なる体現を明らかにせることは、単に文字の上からいっても不尽の妙趣があると思う。）

帝王の原義

故に天子及び政府は国民の生活に就いてその安寧秩序を保持し、その福利を増進し、道徳的向上を図るをその本質とする。所謂「烝々《じょうじょう》たる生民を生成化育する」がその義務である。「洪範《こうはん》」の王粛《おうしゅく》註に「政教は民の善に中るべきを務む。是を以て民の父母と為《な》りて天下の帰往する所と為る所以なり」といい、偽孔伝に、「天子徳恵の教を布き、兆民の父母と為り、是を以て天下の帰往する所と為る。努めざるべからず」といっておるのは、真に天子及び政府の本質を道破せるものといわねばならない。

帝王なる語もまたこれと意義を同じくする。「帝は天下の適《ゆく》なり。王は天下の往なり。天下適《ゆ》かず往かずんば、帝王と謂《い》うべからず」とは「文子《ぶんし》」道徳篇に喝破する所である。「韓氏外伝《かんしがいでん》」にも「王は往なり。天下これに往くを王と謂ふ」と説いておる。「説文《せつもん》」によれば、王という字の画が天地人の三の中を連ねておる。すなわち天地生成化育の徳を以て民を養うものの謂《いい》である。故に天子は天とその徳を侔《ひと》しうする（「春秋繁露《しゅんじゅうはんろ》」）。よく天の生ずる所を養うて攖《みだ》さぬものが天子であり（「呂氏春秋《りょししゅんじゅう》」）、天、物において私する所なし。これを継（襲）いで行うものが天子である（「尸子《しし》」治天下篇）。天子は決して私欲を恣《ほしいまま》にして専制政治を行うべき性質のものではあり得ない。天の正義に率《したが》うものである（「墨子」天志篇）。

したがって我々が互いに人格者として、自己を無窮に高めねばならぬごとく、国家も天子政府国民が協力一致して自己を無限に向上せしめねばならない。茲《ここ》に国民政治教育の必要、帝王学の寸時も等閑に附することの出来ない理由がある。しかしながら人間はまた一箇の人格者として常に恥ずかしからぬものではない。我々の人格的修養、道徳的努力は稍《やや》もすれば委靡し頽廃して、深き「我」の自覚を失い易い。特に肉欲的生活の爛熟は容易に人間の霊性を毒するものである。それと同じく、国家の政治生活も従来兎もすれば紊乱し腐敗して、天子及び政府の至貴至尊なる道徳的精神の国民的自覚も、その実際的表現も、共に空しくなりがちであった。

しかるに政治の頽廃――天子及び政府の堕落はすなわち明らかに国家の滅亡を示すものである。そこで不幸呪われたる国に非《あら》ざる限り、政治の頽廃は必然これに対する国民の深刻な反省を刺戟して、猛然これが救済を図るものである。この場合政治の頽廃が致命的でなければ、所謂官紀の振粛に止まるであろう。けれども最早病膏盲に入っておる以上、国民に与えられた唯だ一つの道――生の飛躍があるばかりである。これ宗教に所謂更生 Wiedergeburt である。更生とは物欲に蔽《おお》われた奇怪な monstrosisch 我と神に向える inwendig 真我と相い戦って、前者は斃《たお》れて後者が現れることをいう。この我々の衷なるクリストが顕れたならば、蛇の性を具えたアダムは死し、日出ずれば、光暗を吸う――

Jacob Boehme ―東洋において、国家の更生による自己発展をすなわち「革命」という。革命とは命を革むである。天命を新たにする意味である。一旦歪乱《わいらん》に陥った国民生活を新たに政治することである。その革命は誰の手より発するか。

シナは易世革命の国である。換言すれば、シナにおいて革命は常に易世であった。すなわち革命は天子を易えることであった。シナ史上天子という真我こそ観念的に存在したが、その具体我は始終動乱して止まなかった。（今日シナは天子の名は大総統に変じ、すなわち君主国変じて共和国と為り、しかもその大総統たる具体我が確立しない。）しかるに我が国においては、昔からこの天子という最高の真我とその具体的表現とが完全に一致して、国民の尊厳な人格生活が万古に炳焉《へいえん》たる自覚の光を放っておる。大日本帝国は万世一系の天皇之《これ》を統治すとは実にかくのごとき意味を有するのである。かくて始めて我が国が比類なき光栄ある国体を有することが了悟される。

国体の精華

現代人衷心の疑惑不安

四　日本の天皇とシナの天子

この国体の精華ということ、これほど国民の何人もが幼少の折から聞きなじんでおる言葉はないであろう。しかもどれ程の人がこの国体の精華の意味を真によく味識しておるであろうか。殊に教育に従事しておる人々などが、その学生や父兄にこれを説くに当って、いつも自ら顧みて非常な不安と言葉の不足を感ずるということを訴える。そしてまず国家そのものが真に意義あり価値あるものであるか。そもそも天皇はどうして神聖な存在であるか。今日世界は次第に君主国亡んで共和国が現出してゆく。それがまた当然の政治的進歩であるといわれておるのに、どうして日本だけは君主政治が尊く、天皇が絶対神聖であるのか。自分は到底この疑問に良心ある答えを為し得ないという。

否定の正しき意味

だから私は現代の人々は皆淋しいと言うのである。先から論じたごとく、現代は個人的にも社会的にも放心の状態に在る。そしてこれに伴う機械観が横行しておる。人々は自ら内観して敬虔の情を覚えるということはなく、文芸に明らかに出ておるように、生活の欠陥をちょうど科学者が顕微鏡を用いて実験するように観察して、冷やかに生活の意義を否定しようとし、民衆は民衆で国家の欠陥を観察しては他事《よそごと》のようにこれを否認しようとしておる。その欠陥の指摘はまず宜しい。

しかしながらそういう機械的態度を去って、真面目に心眼を開いて内観するならば、自己欠陥の認識はそれだけ自己が道徳的に深くなった証拠で、したがってその反面に自己が人格者としての神聖を感ずるはずである。自己が人格者としての神聖と随って止むに止まれぬ道徳的努力を余儀なくせられないところの「生活欠陥の指摘」は要するに遊戯に過ぎない。それと同じく国民生活を呪咀《じゅそ》して国家そのものを否定しようとするのは空想である。我々が真実に国民生活の現実の欠陥を愁うるならば、同時に必然国家について神聖なる規範意識を感得するはずである。

私は最も敬虔に国家の規範的意義を感得する人であって、始めて超国家をも論じ得ると思う。道徳的努力を無視して自由なる人格はあり得ない。国家が解体して理想社会（天下）と為るのではない。国家が自己を天下まで向上せしめるのである。国家の意義価値を疑う者がその論理的思惟をあれこれと廻らしていくら論じてみても、国家の意義価値が出て来るものではない。したがって現在自己が人格者としての自己に敬畏の情を覚えるか。「大学」に所謂慎独の念が生ずるか。「あやにあやに畏くもあるか天地のみいづの中に立ちたるわれは」といったような感じが湧くか。それを内省して見るが好い。その内省なくして自由なる人格を論じたり、国家社会を判じたりするのは畢竟《ひっきょう》遊戯である。

政治の様相の推移

君主国より共和国への推移は政治的進歩であるということも皮相に解釈してはならない。個人の人格生活でいっても、「安心」の境地に無限の浅深がある。老婆老爺の安心より青道心の苦悶に遙かに深い意義があることは言うまでもない。苦悶が安心を生み、安心がより高い苦悶を生む。その限りない開闔《かいこう》が人格生活であって、また実に国家の政治生活を説き示すものである。

天子政府は前述のごとく個人における道徳的意識の国家における具体的表現であり、特に天子は国家の最深の意味における我に当る神聖な存在であるだけ、政府の存在、別して天子の存在は国家生活の人格的意味を深めるものである。したがって国家の政治的（規範的）向上の結果は次第にその規範的意味が薄れて、自由な理想社会の形式に推移するはずであり、それだけ共和国は君主国より進歩であるともいい得るが、実際はやはり無限に層々複雑なるものである。

アリストテレス、ポリビウスの国体観

如何なる人が真に善く政治を解し得るか

共和政治より尊い君主政治もあり、それよりまた尊い共和政治もある。アリストテレスもいったように、君主国は僭主国に、貴族国は奸党国に、民主国は愚民国と為り易い。ポリビウス Polybius は国体は常に善良な君主国から専横な君主国、専横君主国から善良な貴族国へ、それが堕落して不良貴族国、不良貴族国から善良民主国へ、またそれが不良民主国へ、この過程を絶えず循環するものと考えたが、誠に面白い観方であると思う。君主国体だからわるい、民主国体だから善いというふうに機械的に考えるのは浅薄である。

政治現象を説明したり批評する前に、そもそも政治とは何ぞやという哲理を冥想し体認しなければならぬ。さすれば自ら天子—政府—無政府等の意義が明瞭になるであろう。しかしそれが分かるにはやはり自ら衷に顧みて道徳の尊厳を悟る者でなければならぬ。換言すれば真に自覚に堪うるもの、すなわち自分が自分に帰り得る者であって、始めて道徳をも政治をも解し得るのである。

シナの革命と易世

シナの革命が毎に易世であったことは、天子という民族の観念我に相当する真の具体的表現が乏しかったためである。シナの天子は韓非などに現れた深奥な君主論に当らないで、要するに政府より以上の存在ではなかった。政府は国家において常に理性を代表し、道徳的、規律的のものでなければならないが（前章参考）、天子は常にかくのごとき理性作用と感性作用、規律者と被律者とを同時に包容し、かく包容することにおいて二者を超越せる創造的一者――我でなければならぬ。善悪を超越して、そして善を善とし、悪を悪たらしむるもの、陽明の所謂万化の根源でなければならぬ。

革命と天徳

しかるにシナにはこの哲理に相当する現実の位が発達しなかった。そこで前章に述べたような国家としての生の飛躍――更生＝革命が行われた場合、革命

すめらみこと「すべる」と「うしはく」。力政と義政

は同時に易世であったのである。天子の真義より観れば、この革命を行わしむるものこれすなわち天子である。生の飛躍、更生はやはり「我」の作用なるがごとく、革命は天子の作用である。天徳である。

この最深最高なる「我」を具体化した真の天子は、わが「すめらみこと」において始めてこれを観奉るのである。すめらは「すめる」「すべる」「しろしめす」の意味であって、「うしはく」意味ではない。「うしはく」は「墨子《ぼくし》」の言葉を用いれば、「力政《りょくせい》」に当り、「しろしめす」は「義政」に当る。前者は暴力を以て民を支配するのであるが、後者は道理によって民を統治するのである。

したがって、「すめらみこと」を宗教的に「あきつみかみ」とも申し上げる。現神である。日本国民はわが天皇によって自性を徹見する。そは決して偶像礼拝でもなければ、権力崇拝でもない。日本国民は天皇を至尊と仰ぐことによっ

て、天上天下唯我独尊という仏陀の自覚に到達するのである。このあやに畏《かしこ》き君臣の妙理を体認するもの、上下を挙《こぞ》って日に日に空しくなりつつあることを思えば、私のような疎懶《そらん》なものも、時に深甚な愁《うれ》いを禁じ得ない。

近頃革命思想の流行と共に、盲目な政治家等は、まずこれが「い」の一番にわが天皇に禍《わざわい》するものと考えておるようであるが、もし心からそう考えるならば、浅ましい愚見である。天皇は革命を超越し給う。天皇は正しき革命の心源である。革命さるべきは天威を冒瀆し、民衆を塗炭の苦に陥れる似而《えせ》非政府である。国民の至尊礼讃が徹底する時、茲《ここ》にかくのごとき似而非政府の顛覆が行われる。これぞ日本国体の世界無比な貴い点でなければならぬ。これに反して漫りに革命を詐称する暴徒が蜂起して万一にも至尊を犯すようなことがあるならば、或は何国かが我等の国家を侵そうとするならば、その時こそ国民が身命

万世一系の深意

誤れる、もしくは不徹底なる皇室論

を擲《なげう》って戦うべきである。

かくて日本国民は、ちょうど個人の生涯が、幾多の変化、幾多の波瀾を通じて、常に一箇の人格者、唯一絶対なる「我」の創造的万化なるがごとく、その二千六百年の歴史を以て万世一系の皇統を開展して往った。皇統の万世一系ということの中には、同時に国民の光栄ある独立自由の生活が含まれておる。天子及び国民を通ずる自覚の光の千古不滅なりしことを語られておる。そしてこれは今後も当《まさ》に天壌と与《とも》に無窮でなければならぬ。

この深き意味を悟らずして、一派の浅薄な国粋主義者と称する者が、日本の天子の万世一系なる意義を単に皇室の永続と解し、一般人が所謂旧家を誇ると同じ意味において天子の神聖を説くようである。けれども巧智な社会主義者等に単なる世系が何故に尊いかと難詰せられて答うる術を知らない。

彼等はまた天皇と臣民とは本家と末家との関係に在る。天皇と我々には父子の親がある。故に我々臣民たる者は天皇御一家に対して絶対に敬を致し服従せねばならぬと説くが、これも、兄弟は他人の始りということもある。遠い遠い建国の昔に在ったという関係などが今頃我々にとって何の関係があるか。また本家末家の関係があるからとて、何故絶対服従の義務があるかと反問されていゝゝゝしどろもどろである。

彼等はまた天皇が主権者であり、統治権の総攬者である意味を真に理解せずして、単に天皇を最高の地位に在る人として盲目的に尊崇し、或は絶対的強制権力者、あらゆる支配権の総元締として畏服しておる。そして国をさも天皇の私有財産のごとく唯物的に考えておる者が頗《すこぶ》る多い。それでは事実社会主義者等から変人的心理と冷罵《れいば》されてもしかたがあるまい。

統治権及び主権

君臣一体と君臣の分

先に明らかにしたごとく、統治権とは畢竟《ひっきょう》国家生活に現われる政治意識であり、主権とは国民全体の最高我の作用に他ならぬ。故に国民を離れて天子無く、天子を離れて国民は無い。君臣一体とはこれをいうのである。この君臣一体と君臣の分とは日本人にとって昔からの貴い教えである。すべて実在は本来不二を本体とし、本体に即して初めてまた二と為すことも出来る。天子と国民も本来不二、本来不二なればこそ、また二なのである。君民一体にして始めて君臣の分が明らかである。

この道理を悟らず、国家は土地と人民と主権者とより成り立つとする一般の考え方はすなわち機械観で、極めて冷たくまた脆い思想であることはいうまでもないが、しかし忠誠な人々で、その思慮の熟せぬために、分を立つるに急であって、しばしば体を忘れ、無暗に天子を人民より懸絶しようとする傾きの多いのは、真に国家を思う私どもにとって限りない苦痛を感ぜしめる。その人々は期せずして躁急な無政府主義者等と同じ過ちを民人に犯すことになる。深思熟慮さるべきであろう。一例を挙げると、陛下はただ天皇もしくは「すめらみこと」とのみ申し上げねばならぬ。陛下はすなわち「あきつみかみ」にましますから、下々の意見でかれこれ申し上げられる方ではなく、また大帝などと申し上げて、西洋の Great Emperor と同一視してはならないというような説がある。日本の天子を西洋の帝王と区別せねばならないのは申すまでもない。しかしそれがために陛下を偶像化してはならぬ。

天子にも観念我と具体我とあることを私は前章において明らかにしておいた。天子は「易」に所謂「天行乾々」たる道徳的存在、すなわち当為 Sollen である。故にわが天皇におかせられても、無限なる向上努力をその生命とし給う神聖な御方である。罪悪はわが天皇において、その本質にあるべからざる世界無比の尊い御方であるが、現実において、その天徳の御発揮を想うて、特に大帝と申し上ぐるに何の不可もないと思う。いやが上にも大帝になし奉らんために、輔弼の官も置かれてあるのである。

私は天子に起居郎《ききょろう》をもおつけしたいと思っておる。すなわち御燕居以外、天子に崇高厳粛なる人格者をおつけして、天子の御言行を「春秋」の筆のごとく簡潔荘重に記録せしめ、天子といえども御一代の間はこれを御覧になることが出来ないようにして、年々これを伊勢大神宮の宝蔵に秘納する。そして御宇《ぎょう》の改まった時、これを帝室の史官に廻し、厳正にこれを後世に伝える。これ帝徳を磨くと共に、朝臣の邪曲を防ぐものである。総理大臣などが直接何を申し上げたかというようなことも、今は全く臆測するより外はないが、これによれば後世を欺くことが出来ないのである。それと共に御史《ぎょし》というような官を設けて、文武官の公人としての道徳的責任を論ぜしむることにしたいと思う。

シナにおける帝王学の深遠なる発達は、一面から観て易世革命という国民的苦悶の故と解することが出来る。我々は煩悩いや深うしてますます道念の篤《あつ》からざるを得ない。心の欲する所矩《のり》に近づくに随って、人格は次第に自由を得るのである。能《よ》く心の欲する所が矩を踰《こ》えなければ、我々は真に無礙自由を得た者ということが出来る。

五　西洋王政の没落とその君民思想

日本における政治の幽玄なる発達、国民の政治意識とその最高表現との契合は、我々の政治的苦悶を常に著《いちじる》しく平和ならしめて来た。我々の国民的生活を自由にして来た。それは例えば西洋王政史と日本のそれとを比較すれば容易に看得される事実である。今日なお君主を戴いて、立憲政治の粋を有するといわ

マグナカルタ

英国下院の起原

れる英国においても、君民一体、億兆心を一にして世々厥《そ》の美を済《な》すといったような実はほとんど発見することが出来ない。君主と人民とは常に相い矛盾し相い仇敵視する対立関係に在った。

英国憲法の淵源とも称すべきマグナカルタ Magna Charta は如何して制定されたか。それは十三世紀の始め、国王ジョンの圧制に憤激して起った貴族僧侶市民がテームス河畔ランニミードの野において、臣民の生命財産の安寧を保証すべく王に迫って強いて署名せしめた六十三条の契約である。しかも次に立ったヘンリー三世は忽《たちま》ちこのマグナカルタを無視し、再び苛政を擅《ほしいまま》にしたので、シモン・ド・モンフォール等、叛旗を翻《ひるがえ》して王を捕え、一二六五年貴族僧侶のほか州市の代表者を集めて議会を開き、これを以て国王の専横に備うることにした。これこそ英国下院の濫觴《らんしょう》ではないか。それからチュードル王朝、スチュアート王朝を通じて、如何に君民の反目嫉視が深くなっていったことであろう。その間に国を去って新大陸に安住の地を求めたピルグリムファーザース Pilgrim Fathers もある。所謂臀議会 Rump Parliament に由《よ》って逆に叛逆者の罪名を宣告されて刑戮された国王チャールス一世もある。かくのごとくにして英国憲政史は実に惨澹たる君民争闘の跡を語るものである。

西洋君主政治の思想的根拠

そしてかかる時代の政治思想にもまた東洋に存するような君臣一体の幽玄な理想を勿論発見することは出来ない。専制君主政治の思想的根拠は、大要次の二説に帰することが出来る。一は絶対的服従説（王権神授説等）、他は相対的服従説（契約説）である。

王権神授説

王権神授説によれば、宇宙は神によって支配せられる統一体であって、地球は固《もと》よりその一部分に過ぎない。神はこの地球を支配すべく茲《ここ》に君主という代理人を設定したのである。故に君主はその支配の権原を神に有する神聖なる存在である。故に君主はただ神に対して責任を有するのみで、人間に対しては何等責を負うものではない。彼は自己の自由意思に随って如何なる統治をもすることが出来る。

これ実にスチュアート家諸王やルイ十四世等の信条であった。殊にルイ十四世のごとき、かくのごとき思想の上に立つ帝王学を皇太子に対して侍講せしめたものである。有名な僧ボスウエ Bassuet はすなわち太子の侍講と為って帝王神権説を盛んに鼓吹した。臣民の君主に対するはなお神に対するがごとく、これを崇敬し、絶対にこれに服従せねばならぬ。君権の民におけるや無限にして、君はただ神に対して責を負うのみである。したがって君主といえども神法には率《したが》わねばならぬが、しかし果して君主の行為が神法に合しておるかどうか

ヂャン・ボーダンの征服説

フィルマーの家長権説

は、到底臣民の下れる意思を以てしては判断し得る限りではない。

またヂャン・ボーダン Jean Bodin はいう。原始時代諸家族間の争闘において、敗者は勝者の奴隷と為り、勝者はすべて自己の首長の権力の下に統率せられるところから、次第に自然的自由は変じて政治的服従を現ずるように為った。国家はかかる人間結合の最終の形式である。つまり国家は多数の家族及びその財産より成り、これを統一する最高の権力がある。これを主権という。故にこの主権を有する者は他の何者にも制限されるものではない。ただ神法自然法国家存立の根本法は尊重せねばならぬ。君主がこの理に背けば暴君ではあるが、しかし暴君たると否とは単に君主の道徳的責任であるとした。つまり彼の説は征服という歴史的事実に基づく機械的議論で、何等深い哲学を有しない。

次にフィルマー Filmer の説によれば、君権の本質は家長権と同一である。神世界を創造し給いし時、アダムに人及び物を支配する唯一の権を与え給い、アダムはこれを子孫に伝えた。古《いにし》えの君主はかかる神授の家長権に基づいて、親《みずか》ら家長として家に属する一切の人と物とを支配したのである。今や国家は発展して、国王と臣民との家族関係は認められなくなったが、支配権の性質は依然として変わることはない。したがって昔家長が享有したような一切の支配権は今日といえども固《もと》より国王の自然に有する権力である。

相対的服従論者はいう。人間自然の状態は矛盾衝突を免れない。その点から観て、人間の生活はまことに万人の万人に対する戦い Bellum omnium contraomnes であり、人の人におけるや豺狼《さいろう》のごとき Homo homini lupus ものがある。そこで人間は互いに契約して、何か一つの強大な権力によって統制せられる社会を作らねば治まらない。国家はかかる契約の産物であり、君主はかかる契約の下に立てられた統率者である。故に一日国家を作り、君主を立てて服

反対説

ルソー説

従を約した以上これを破るは正義に反する。（フーカー Richard Hooker 、ホッブス Thomas Hobbes 等、十六、七世紀の思想）

しかしながら、かくのごとき浅薄な理論によって到底長く人心を支持することは出来ない。契約論などはつまり国家も君主も方便のために人民が設置したものに外ならないから、当然方便のためにまたこれを撤廃するも構わぬということに帰着せねばならぬ。事実これが新教主唱者、暴君討伐論者、ロック Locke、モンテスキュー Montesquieu、ルソー Rousseau 等を貫く思想であり、人民の都合のために終《つい》に地上より君主の影は次第に星のごとく消えていったのである。

例えば、宗教改革者なるルーテルは考えた——如何にも国家は神聖なる存在である。政府は神に代って善人を保護し、悪人を滅ぼし、公共の安寧秩序を維持せねばならぬ。国家は決して所謂止むを得ぬ悪事 Mala necessita ではなくて、

ミルトン説

人民は心から政府に服事すべきものである。しかしながら人民が政府に服事するのは決して無条件的に然《しか》るのではない。人民は政府を通じて神に事《つか》えるのである。故に政府が人民の神に仕えることを妨げるならば、それこそ人民は寸毫《すんごう》も政府に屈する必要はないと。すなわち彼は権力者の独占より神を奪い還したのである。

ミルトンは説いた――人は総て自由である。人の自己を保存せんとする能力――権利は天賦である。ただアダムが神意を無視して以来、人に争い悩みが絶えないから、人は相い約して国家を作り、この契約を完全に履行せしめるために君主並びにその他の機関を設定し、かつそれ等の権限を定める法律を作ったのであるから、君権といえども決して無制限な者ではない。もしその正当なる権限を破棄し、人民の天賦の自由までも無視するならば、人民はこれを排斥するに何の不都合もない。この説が英国民の権利主張に甚深な影響を与えたこと

ロック説

は明らかな事実である。彼はかくてスチュアート王朝の専制に烈しく反対したのであった。

やはり一種の契約論であって、ホッブス等の思想と好個の対象を為すものはロックの説である。彼は人間の自然は独立自由であるが、敢えてホッブス等のいうごとく争闘状態ではない。自然法すなわち理性は人間に相互の自由の尊重を教える。ただ自然状態に在っては、他を侵害する者の出た場合、これを審判し制裁すべき一定の機関がない。そこで各人の生命財産の安寧秩序を共同して確保せんがために、多数人が契約して国家を作り、その職務を完全に遂行するために諸種の権（立法権、執行権、外交権）を人民より政府に委託したのである。したがって政府がその設置せられた目的の埒《らち》を超えて人民を迫害するならば、人民はいつでも起って委託を取消し、政府からそれ等の権利を奪還することが出来る。

西洋君主政治の特徴

かくのごときが西洋君主政治下における政治思想の一般である。私はそれ等の思想を通じて、飽くまでも矛盾的差別的な特徴を感ぜざるを得ない。すなわち君主の思想にせよ、人民の思想にせよ、各々小我を以て相い対立する差別の世界に住し、常に固陋な小我を主張し、したがって著しく権利の観念に富んでおる。権利観念の基礎は相対的立場に在って、自己が一定の利益を享有すべきことを他に認めさせようとする意思に在る。故に相対的立場を脱して自他融合する時は権利観念を存しない。親が子の孝行を喜ぶ時、親は決して子に扶養さるる権利があるとは思わないのである。同じ理由によって、君民の意思が契合すれば王権神授説や契約論的民権説の主張さるべき余地はない。君主が神権を主張する時、彼は人民をその「我」に包容していない。人民もまたその契約説を酬いる時、君主から冷たく離索しておる。かくて彼等の人類結合の最終形式とした国家も、実は君民を統一した有機的組織ではなくて、単に君民を集合した機械的体系である。君主と人民とは本来不二の関係ではなくて、もともと別個の存在である。かくのごとき君民関係に在って、如何にして国家に生命あり感激ある政治を期することが出来ようか。西洋君主政治の倒壊は固《もと》より必然の運命である。

六　東洋王政の特徴と官吏の性質

これに反して幽玄な唯心論の発達し、万物一体の大いなる生命主観に富んでおる東洋では、実際政治においてもさすがに西洋と大いに趣を異にしておる。例えばシナに観よ。如何にも久しきに渡る帝王政治を通じて、幾度か民を塗炭の苦に陥れた暴君が現れた。そして幾多の王朝が迭《たが》いに興亡浮沈した。その間に暴君放伐論の始終行われたことも明白な事実である。しかしながらその如何なる時代を通じても、帝王が専制を行う嫌いあるために、帝王に対抗して、帝王の権力を制肘《せいちゅう》すべき民権伸張の機関を設定し、相互に冷たく相い独立する国家機関の均勢 Check and Balance を図ったことはない。

東洋王政思想の特徴

政治は彼のごとく相い矛盾する二つの力の妥協ではなくて、常に相い待って自己を発展せんとする一般者の努力である。故に人民は帝王を理想化するに急であって、絶えて帝王に対し国家機関の均勢を図るような施設に思い到らなかった。現実の帝王が如何しても理想と相い容れぬ時、人民にいつも繰り返される手段は革命であった。革命によって国家の理想を実現すべき天子を擁立することであった。

哲宗と伊川

かくて、先に明らかにしたごとく、天子は単なる機械的唯物的存在ではなくて、自然法倫理法の表現である。北宋元祐の始め（十一世紀初頭）、哲宗皇帝なお幼くおわして、時の碩学程伊川《ていいせん》がその侍講《じこう》を勤めていた時であった。ある日幼帝は玉欄に倚《よ》って、何心なく檻前《かんぜん》の柳枝を手折ると、傍に侍した伊川は容《かたち》を正しくして誡めた。「今は四海春に方《あた》って万物発生の時であります。王者たる者、荷《かり》にも時ならぬに摧折《さいせつ》して天地の和を傷《そこな》ってはなりませぬ。」

幼い天子に対する薫陶法の如何は暫く舎《お》く。その精紳に至っては、実に襟を正さずにはおられぬ厳粛なあるものがあるではないか。起居郎《ききょろう》といい、諫官《かんかん》といい、御史《ぎょし》といい、何れも皆かくのごとく天徳の完成のために置かれた官であった。

起居郎、諫官、御史

官吏の本質

すべて官なるものがすでに説いたように人心の主とする所である。国民の政治意識の具体的表現である。故に官の道徳的意義より観れば、天子も官吏もその本質を同じくするものといわねばならない。黄宗羲《こうそうぎ》も官吏は「分身の君」でなければならぬといっておる。彼の説によれば、生民の繁栄と共に、国家統治の内容は無限に複雑であって、到底一人を以て治めることが出来ない。そこで百官を置いてこれを分治し、君主がこれを総括するのである。故に官吏の出でて仕えるのは天下のためにするので、君一人の私事を弁ずるのではない。万民のために働くので君主一家の私用を勤めるのではない。しかるに後世はこの臣道を誤って、官吏は君のために設置せられたものであり、君の委任に由って、君のために天下を治める、君の官吏であると考えるように為った。その所謂君も君位に即する一私人に過ぎない。これそもそも政道堕落の第一歩である。

また一面によりいえば、君主と官吏との関係は師友の関係でなければならぬ。宮中と府中との別、宦官《かんがん》、宮妾と官吏との別はすなわちここに存する。宦官や宮妾は君主の一身に奉ずる奴婢であるが、官吏は君主とその道を等しくする師友である。奴婢に要求するところは労力であるが、師友に要求するところは道徳である。しかるに後世君主は奴婢を以て官吏を待ち、自己の使走に便利な者を引いて、然《しか》らざる者を遠ざけるようになり、官吏もまた自ら屈してかかる君主に迎合し、遂に師友の道を棄てて、奴婢たるに甘んじ、あさましくも区々《くく》た

官吏関係と雇用関係

る生活の保障のためにその知遇を希《こいねが》い、後世、君驕《おご》り臣諂《へつら》う悪風潮を馴致したのである。

全く総ての職に在る者がその通りであるが、とりわけ官吏道の頽廃は言うに忍びぬように思われる。今日、国家と官吏との関係の実際はほとんど民法上の雇傭関係に等しい。官吏は選任せられると一定の俸給を受け、それに対して相当の労務を給付する。彼等の腹を探れば、要するに経済問題で、根本において倫理的性質がない。これを「官」と謂《い》わんには余りに字義に背くではないか。

彼等の万能視する法律によっても、行政法は明らかに説いておる。官吏とは国家の特別選任行為によって、単に経済上の労務給付に留まらず、倫理的勤務を包含し、したがって国家の命ずる所により、敢えて換算することの出来ない非定量の勤務に服するものであると。何が故に国法にかくのごとく官吏を定めておるか。その理由を反省せねばならぬ。

「臣軌《しんき》」の中に陸賈典語を引いて、「国の臣ある所以《ゆえん》、臣の上に事《つか》うる所以は、ただに員《かず》に備《そな》うるのみに非《あら》ず。天下至って広く、庶事至って繁《しげ》し。一人の身の能《よ》く周《あまね》くする所に非ざるなり。故に官を分ち職を連ね、各々《おのおの》その位を守る。その位に処る者は必ずその憂《うれい》を荷《にな》う。臣と主と体を同じくし用を合す。主の臣に任ずることすでに身の手にまかすが如《ごと》し。臣の主に事《つか》うることまた手の身に繋がるが如し。上下心を協《ととの》え以て国事を理《おさ》む。命を俟《ま》たずして自ら勤め、容れられんことを求めずして自ら親しむ時は則ち君臣の道著《あらわ》る」といっておる。

大臣百官は決して単なる事務執行機関ではない。深き哲理の上に立つ道徳的存在である。しかるに官吏がかくのごとき道徳的行為の主体たる人格者としての立場を棄てて、単に「生きる」という動物的立場に立つ、そこに黄宗羲も痛憤しておるように万悪が生ずるのである。この場合彼等は国家という城砦を持っておるだけ、その罪悪は手がつけられない。

そこで君臣の道徳的頽廃は、古来シナの賢人をして往々国家を超越して天下すなわち社会もしくは自然に野処せんとする思想を懐かせた。故に野に遺賢無しということが王道の要諦であり、国民政治の理想である。この事は私に東西の政治思想に関して極めて興味深き一つの事実を教える。

そは西洋が常に国家を有して社会を有せぬに反して、東洋は国家以上に天下（社会）を有することである。彼等の国家の機械的なるに反して、我等の国家の精神的なることである。西洋の世界の飽くまでも人工的なるに反して、東洋の世界の常に自然的なることである。権利思想に基づく社会主義のごときは遂に東洋に適合しないであろう。もしそれが真に道徳的基礎に立つ時、それはきっと東洋人の旨とする国家生活を論ずることと為るであろう。かくのごとき国家生活の悠遠なる極致が所謂天下生活である。

七　結　論

今の政治界を観る時、私は彼等を通じて余りにその機械的唯物的見解の甚だしいのに驚かざるを得ない。かかる見解を脱せぬかぎり、如何に国家社会の救済を叫んでも、要するに徒労であろう。政治は国民の生に徹することでなければならぬ。国民の理想を体認して、現実を一歩一歩浄化し向上せしむることでなければならぬ。その本はやはり各人が自己の生に徹するに在る。紛々たる肉欲的生活を超脱して深く自我の内奥に幽潜し、本性の活動を体認し得る人にして、始めて善く国家における政治の尊厳なる意義を味解することも出来る。現代人は人格的に自ら侮っていると同時に、国政をも狎侮せるものといわねばならぬ。すなわち何よりもまず敬の感情において欠けておる。先に挙げたような、

「あやにあやに畏くもあるか天地のみいづの中に立ちたる我は」という居敬の念に乏しい。

　現代を悩ます不安寂寞の最も深い原因はこれに在ると思う。空しく機械観に捕われて、生活の屑に執着し、官能的衝動に痙攣し、「主義」の道具を振り廻しておることが、人間の心より主を奪ってしまった。生活の中心を亡くしてしまった。国民の心より政府を離してしまった。天子に対する感激を亡ぼしてしまった。そして今正《まさ》にその寂寞に堪えかねて、心ある人々は切に放心を求めんとしておる。真の政治に対する憧憬の念を高めつつある。

人格者たる自覚の発揮

　この時に当って、日本国民たるもの、なかんずくその一挙一動が直ちに国民に反響する指導的地位に在るものは、深く衷《うち》に顧みねばならない。そして公人として、私人として、何人もが人格者たる自覚に立つことによってのみ、今日国民を挙《こぞ》っての餓鬼道畜生道の苦しみから脱却して、人天の世界を開くことが出来ると思う。要するに個人においても、国家においても、帝座の光の薄れるということは最も不祥である。しかも今はその不祥が日に日に大きくなりつつあるではないか。これ実に容易ならぬことである。千糸乱れ咲く大輪の菊花を培い見よ。根に水を絶つ時菊花の千糸はその中心を擁して狂い咲く。私の迂論も胸底に菊花の狂いなきを得ない。

――（八月二十日擱筆）――

明治天皇御製

橿原のとほつみおやの宮柱
　たてそめしより国は動かず

とこしへに民安かれと祈るなる
　我が世をまもれ伊勢の大神

いそのかみふるきためしをたづねつつ
　あたらしき世のこともさだめむ

後　記

本書は、安岡正篤著「天子論及官吏論」を新組みにして刊行するものである。同書の初版が社会教育研究所より公刊されたのは、大正十二年六月だが、五カ月後の十一月には「訂正増補第二版」が出された。以後も版を重ね、同年十二月十五日には「第五版」が出されている。今回の新組みに当たり使用した底本もこの「第五版」である。なお、原題の「天子論及官吏論」を「天子論及び官吏論」に改めた。

著者は大正十一年三月に東京帝国大学を卒業し、一時文部省に奉職したが、在職期間は僅かで辞任したという。「天子論及官吏論」が刊行されたのは翌年の大正十二年、著者は二十六歳である。十月より社会教育研究所学監となり、「第五版」の著者の肩書きにもそれが記されている。

それ以前、著者は大学在学時代に、既に「支那思想及び人物講話」（大正十年十月刊玄黄社〈現在、「東洋思想と人物」と改題して小社刊〉）、「王陽明研究」（大正十一年刊玄黄社〈現在、小社刊〉）の二冊の書を著し刊行している。当時、この両書が出版されるや、若き青年がかくも優れた内容の著作を成したことに多くの人々は驚き、反響は大きかったというが、ほぼ一世紀を経た今日の読者もまたその感を等しくすることであろう。

「天子論及官吏論」は、この二著に続く青年時代の書であるが、残念ながら現代ではあまり人々の目に触れることもないようである。

この書の「再版の序」で、著者は「天子論」執筆の動機を「現代を挙っての放心―官能的頽廃の結果、何人も人格者たる敬虔と抱負を失い、無慚にも自ら侮り人を軽んじておる一世の悪風潮に感ずる所あって」と述べている。

著者の二十代は大正時代だった。大正三年、第一次世界大戦が勃発し、我が国もこの大戦によって、経済・社会が進展し世は活況を帯びた。大正モダニズムといわれるように西洋風の文化・生活が取り入れられ普及した。また、大正デモクラシーと呼ばれる民主主義・自由主義の思想が叫ばれ、社会運動が頻発した時代でもあった。

そうした世の風潮に対して、人間としての生き方を根柢に据えた東洋の思想が次第に忘れられ、機械的・唯物的な考え方が広まる現実を著者は深く憂慮したのである。道徳的基盤に立って政治も社会も考えねばならぬと主張したのである。本書の天子論・君臣論の論旨も結局はそこに帰着するであろう。

本年は令和改元の年であり、天皇論、皇室についての議論も盛んである。本書はこの問題の根本を考える上でも必読の書であろう。

なお、新組みに当たり、原本の旧字・旧仮名遣は、新字・新仮名遣にし、ルビを増やし、適宜漢字を仮名にする等、現代の読者に読みやすいように改めた。

明德出版社　編集部

天子論及び官吏論

大正十二年六月一日 初版発行
令和元年十二月二十三日 新版発行

著 者 安《やす》岡《おか》正《まさ》篤《ひろ》

発行所 公益財団法人 郷学研修所・安岡正篤記念館
〒355-0221 埼玉県比企郡嵐山町菅谷六七一
電 話 〇四九三―六二―三三七五
発売者 佐久間保行
発売所 ㈱明徳出版社
〒167-0052 東京都杉並区南荻窪一―二五―三
電 話 〇三―三三三三―六二四七
振 替 〇〇一九〇―七―五八六三四
印刷・製本/㈱興学社

ISBN978-4-89619-842-3

安岡正篤著作選

易學入門

易経はなかなか達し難く理解しにくい古典であるが、本書は現代最新の科学と東西の思想哲学に基づき、易の成立と根本概念を解説し、六十四掛三百八十四爻の全文を意訳しつつ、易学の全貌を解明する。

A五上製二六〇頁　三五〇〇円

全訳 為政三部書

中国元朝の初期、動乱と圧政に苦しむ人民のために、人民のための政治とは、また為政者のあり方とは何かを、死を賭して忠告した名相張養浩の行政忠告書。定評高い訳注に原文・現代訳を付す。

A五上製二六三頁　二七〇〇円

東洋思想と人物

孔子・墨子・楊子・荘子・韓非子など、東洋の代表的な思想の流れを尋ね、白楽天・耶律楚材・高青邱・曽国藩など、著者が深く共鳴心酔した先人の苦悩と感激を描いた往年の名著「支那思想及び人物講話」。

B六上製三四六頁　二六〇〇円

暁鐘

人生の日計と歳計／老朽・若朽防止法／現代の矛盾と解脱／時代と自己／東洋的生活／詩と偈と人／六韜三略より見た現代等、若い社会人や大学生を相手に人生と時代を語った往年の名講演記録九篇！

B六上製三〇二頁　二五〇〇円

新編経世瑣言

戦前戦後を通じ著者は一貫して政治家や企業人としての心構えや生き方を主張してきた。戦前の経世瑣言・続経世瑣言から、今日の厳しい国際社会に役立つリーダーに痛切な示唆を与える35篇を収録。

四六上製二五二頁　二四〇〇円

新憂楽志

著者六十歳前後の円熟期に書かれた「憂楽志」と「醒睡記」から、透徹した史眼から人々に警醒を促した諸篇、豊かな詩情で自然や人生を語った小品等珠玉の五十一篇を拾集した人生随筆。

四六上製二四四頁　二二〇〇円

老荘思想

無為自然を愛し、生活を芸術化し、精神の自由を標榜する老荘思想とは？　老・荘・列子等から人間や社会のあり方を考えさせる痛快な各章を紹介して老荘思想の本質をわかり易く解説した著者会心の名著。

四六上製一七四頁　一六〇〇円

古典を読む

陽明学者の著者が、最も読書にふけった壮年期に金雞学院の月刊誌「東洋思想研究」に発表した、古典三十二篇の見どころ・勘どころを感激の筆で生き生きと解説・紹介した格調高い読書録十九篇。

A五上製三二〇頁　三五九二円

人物・学問

河井継之助の人と学問を描いた往年の名著「英雄と学問」を軸に、金学院で発表された中西淡淵と細井平洲、大漢帝国創成期の劉邦と項羽、漢末の袁紹に学問論の一篇を加えた定評高い人物論学問論。

B六上製二六二頁　二四〇〇円

光明蔵

愛読した和漢の古典の名文を自在に編して成った「光明蔵」に、近代諸大家の警世の卓言を集めた「現代の道標」、更に著者の琴線に触れた名詩名作のみを選集した「名詩選釈」の三書を合わせた読書録。

B六上製二八八頁　二六〇〇円

政治と改革

国民生活の禍福を左右するものが、一に政治の善悪、それに携わる者の人物如何にあることはいうまでもない。昭和初期の不況下に時代を深憂し、この根本問題を明快に説いた気魂の政治・人物論。

四六上製二四五頁　二一三六円

古典のことば

心に残る感銘の章句、人生を考える上で好指針となる文等、若き日の著者の眼識に適い、その後の人格形成に大きな影響を与えた古典のことばを自選自注した十篇を収録。「古典を読む」の姉妹篇。

A五上製三〇八頁　三五九二円

この国を思う

日本人の失った魂の回復を願い、国の在り方、人の心得を説く安岡精神論。当社創業時に刊行した「日本の運命」、翌年の「祖国と青年」より編集し、さらに「斉家の学」「耕学清話」を加えた合本。

A五上製二二四頁　二九〇〇円

儒教と老荘

旧来の漢学に慊らず、また西欧思想の盲目的流行を否定し、中国思想の本質を活学という視点から考究した儒・道自在の著者若き日の論文集。シナ思想の研究・老荘思想論等、全十八篇を収録する。

A五上製二五〇頁　三〇〇〇円

旅とこころ

自然に返りて／銷夏漫筆／震主解／守拙樵談等、自然と一体となった喜びを詩情豊かに綴った著者若き日の旅行記をはじめ、人物、世間、詩歌につき、心の趣くままに天真を流露した小品17篇を収録。

四六上製二二三頁　一九〇〇円

王陽明と朱子

常に活きた学問を学べと説いた著者が、その生き方に讃仰の念を抱き、また絶大な学問的恩恵を受けた王陽明と朱子。儒学思想史上に不滅の光を放つ両大儒それぞれの生涯を感慨深く描いた二篇を収録。

B六上製一九一頁　二〇〇〇円

人間維新Ⅲ

講義録第三弾。学問・教育による人間形成の真諦を「学記」に沿って平易に説く名講義。東西古今に渉る広い視野に立ち、極めて公明な教学の大道を提唱する。

四六上製二六〇頁　一八〇〇円

憂楽秘帖

「師と友」誌の巻頭寸鉄集復刻版。著者の深遠な求道と厳しい警世が要約・核化された小品群は受用無尽、いまも「人間学宝典」の光を放つ。

四六上製二九六頁　二三〇〇円

明治の風韻

国内外で逞しい民族エネルギーを燃焼させた明治。この輝ける時代を推進した人物に焦点を当て、優れた見識や信念・風格を学ぶべく、名品五十三編を精選。

四六上製二五〇頁　一七〇〇円

安岡正篤先生年譜

不滅の光芒を放つ修己治人の生涯を年譜と著作年表で詳説。真人の全足跡が明かされる。登場人物二七〇〇余名、著述論文数三五八〇余篇、随所に逸話を挿入。

B五上製三〇二頁　五〇〇〇円

※表示価格は税抜（本体価格）です。